知ろう！学ぼう！障害（しょうがい）のこと

視覚障害（しかくしょうがい）のある友だち

監修 **久保山茂樹／星祐子**
（独立行政法人 国立特別支援教育総合研究所 総括研究員）

はじめに

視覚障害のある友だちがいる君へ

みなさんは、「自分の目が見えなかったらどうだろう」とか「見たいと思うものが見えにくかったらどんな気持ちだろう」と、想像したことがあるでしょうか？ また、想像したときに、どんなことを考えましたか？ 「困るな」、「こわいな」、「つらいだろうな」などと考えたかもしれませんね。

人間が通常、外から得る情報のうち、80％以上は視覚から取り入れているといわれています。だから、目が見えなかったり、見えにくかったりすると確かに不便です。けれど、視覚障害のある人は、いつも困っているわけではありません。それぞれに生活を楽しんでいます。それは、どうしてでしょうか。

まず、視覚障害のある人が、一生懸命に訓練をして、視覚のほかに使える力をみがいているからです。また、視覚障害のある人が活用することができる道具がたくさん開発されたこともあります。それから、みなさんがこの本を開いてくれたように、視覚障害を理解して、視覚障害のある人に対してできることを考え、実行しようとする人が増えていることも大きな理由です。この本を読むことで、どうしたら障害のある人もない人も幸せに生きていける社会になるのかを考えてもらえたらうれしいです。

監修　久保山 茂樹／星 祐子（独立行政法人 国立特別支援教育総合研究所 総括研究員）

※「障害」の表記については多様な考え方があり、「障害」のほかに「障がい」などとする場合があります。この本では、障害とはその人自身にあるものでなく、言葉の本来の意味での「生活するうえで直面する壁や制限」ととらえ、「障害」と表記しています。

もくじ

| インタビュー 視覚障害と向き合う友だち | 4 |

1. 視覚障害ってどんな障害? ……… 6
2. 視覚障害のある友だちの生活 ……… 10
3. 視覚障害のある友だちの悩み ……… 14
4. 特別な学校や教室 ……… 16
5. 学校の取り組み ……… 18
6. 支援団体の取り組み ……… 22
7. 社会で働くために ……… 24

コラム 自分の選んだ道で活躍する人たち ……… 26

8. 視覚障害のある友だちが活用している道具 ……… 28
9. 視覚障害のある友だちとつき合うために ……… 32

支援する団体 ……… 35
さくいん ……… 36
あとがき ……… 38

インタビュー

視覚障害と向き合う友だち

まひるさんは、小学4年生。同級生のはるくんと、いつも同じ教室で学習しています。
ときどきけんかはするけれど、本当は大の仲よしです。
元気いっぱいのまひるさんに、学校生活のことを聞いてみました。

Q.1 好きなことはなんですか？

A 運動クラブで体を動かすことです！

学校の運動クラブで走ったり、キックスクーターに乗ったり、グランドソフトボールやかくれんぼをしたりするのが好きです。年長さんのころからピアノも習っていて、もうすぐ発表会です。

Q.2 読み書きは、どうやっておぼえましたか？

A 1年生のときに点字の読み方をおぼえました。

入学してすぐ、点字の読み書きのしかたを先生から教わりました。実際に授業でも読んだり書いたりしてなれていったので、1年生のうちに読み書きができるようになりました。

授業中の発表では、まず点字タイプライターで意見をまとめる。

Q.3 好きな授業はなんですか？

A 図工はわりと好きです。

5歳まで目が見えていたので、色も知っているし、はさみの使い方も知っていました。夏休みの作品展には、ペットボトルのキャップなどを使って、お母さんと一緒に電話をつくりました。

図工では材料をさわって形を確かめる。

給食も、器の場所をおぼえて自分で食べる。

Q.4 学校生活で困ったことは?

A 話しかけるとき、相手がだれなのかわからないこと。

近くの人に声をかけようとしても、だれがいるのかわからないことです。例えば、学校で荷物を運んでいるとき、「道をあけてほしいな」と思っても、顔が見えないので、名前が呼べません。

Q.5 普段使っている道具は?

A 点字タイプライターは授業でもよく使います!

普段、授業では点字タイプライターで文字を書いています。点字教科書はスラスラ読めるんです。計算にはそろばんを使います。

Q.6 学校の行事で楽しかったことは?

A 夏季教室と運動会です。

3～6年生が参加する夏季教室では、2泊3日で山中湖の近くに行きます。富士山の5合目までバスで登って散策したこともあります。運動会も大好きで、大きなボールを使った体操の演技をしました。

❶リコーダーを演奏するのも得意。❷授業内容は、点字用紙に記入し、ファイルにとじる。❸体育では先生に動きを教えてもらう。❹理科の実験で、火のあつかい方を学んだ。

※年齢は取材当時のものです。

part 1 視覚障害ってどんな障害？

視覚障害とは、目が見えない、あるいは見えにくいという障害で、回復が難しい状態のことをいいます。中には、視覚障害のある子だと見た目ではわからないこともあります。

1 盲と弱視

視覚障害には、ものの形や大きさを見わける「視力」の障害だけでなく、見える範囲を示す「視野」や、色を見わける「色覚」、眼球に入る光の量を調節する「光量」の障害なども含まれます。視覚障害のうち、生活面や学習面で、もっとも影響のあるものが視力の障害といわれます。

視覚障害は、障害の程度によって、まったく見えないか、ほとんど見えない「盲」と、見えにくい「弱視」の2つにわけられます。

盲の人は、目で見るかわりに、手でふれたり耳で聞いたりすることで、生活や学習をする必要があります。

弱視とは、メガネをかけたり、コンタクトレンズをつけたりしても、視力が0.3未満で、ものを見るときに顔をかなり近づけなければ見えない状態のことをいいます。また、弱視の人は、視野や色覚にも障害があることも多いのです。

考えてみよう　こんなかんちがいをしてないかな？

- 視覚障害のある人はみんな、白杖を持っていたり、盲導犬を連れていたりするんじゃないの？
- メガネをかけているのに、どうして手をふっても気づいてくれないことがあるの？
- 目が見えにくいのに、どうしてメガネをかけないの？

■見た目ではわからない弱視

弱視の人の多くは、盲導犬を連れず、白杖を持ちません。そのため、見た目では視覚障害のない人と区別がつかないことがあります。また、メガネをかけていない人もいるため、障害のあることが見すごされてしまいがちなのです。

生まれつき目が見えにくい人の場合は、小さいころからその見え方が当たり前のようになっているので、障害のない人の見えている状態や、自分の目の見えにくいという状態がどんなことなのか、よくわかりません。

また、メガネをかけている場合でも、まわりからは、「この人は目が見えているのだ」と思われがちですが、じつはメガネをかけていても完全に見える状態にならず、さまざまな見えにくさをかかえているのが、弱視の人の特徴です。

目が見えるしくみ

■人の目のしくみ

　わたしたちがものを見るということは、ものに当たって反射した光を見るということです。下の「目（眼球）の断面図」を見てみましょう。

　目に届いた光の情報は、角膜を通って瞳孔に入ります。瞳孔のまわりには虹彩があり、瞳孔に入る光の量を調節します。明るいところでは瞳孔を小さくして、入る光をおさえ、逆に暗いところでは瞳孔を大きくして、たくさんの光が入るようにしています。

　その奥にある水晶体は、カメラのようにピントを合わせる働きをしています。水晶体のまわりを取りかこむ毛様体という筋肉が、遠くを見る場合は水晶体をうすくして、近くを見る場合はあつく調節することで、光の焦点を合わせているのです。

　もっとも奥にある膜は、網膜といいます。ここに届けられた情報が視神経を通って、脳に伝わります。

目（眼球）の断面図

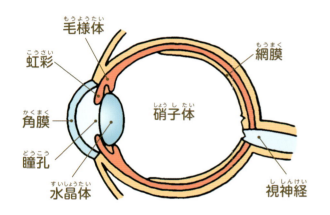

暗いときと明るいときのちがい

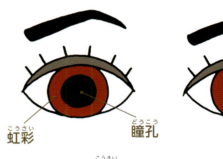

暗いところでは、虹彩が開いて、瞳孔が大きくなる。

明るいところでは、虹彩が閉じて、瞳孔が小さくなる。

■見えるしくみ

　例えば、りんごを見る場合、まず太陽や照明などの光がりんごに当たります。りんごから反射された光が角膜を通って、瞳孔に入ります。瞳孔に入った光は、水晶体によって折れ曲がり、目の奥の網膜に像として映ります。このとき、像は上下逆さの状態です。

　逆さの像は、網膜で電気信号に変えられ、視神経を通って脳に伝わります。脳の中で上下が入れ替わり、初めてりんごの像として見えることになるのです。

　普段から、網膜の手前でピントが合ってしまい、遠くがぼやけてしまう人がいます。このような状態を「近視」とよんでいます。また、網膜のうしろでピントが合ってしまい、近くのものがはっきりと見えない状態を、「遠視」とよんでいます。

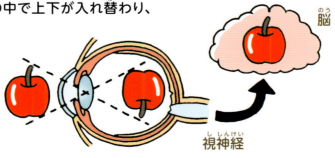

2　どうして見えにくくなってしまうの？

　目が見えるしくみの中で、どこかが病気で悪くなったり、ケガで傷ついたりすると、見えなくなったり、見えにくくなったりします。

　視覚障害のある友だちの中には、生まれつき見えない、または見えにくくなってしまう「先天性障害」のある人もいれば、成長する中で、病気やケガなどが原因でおこる「後天性障害」のある人もいます。

　視覚障害をもたらす可能性のある目の病気で代表的なものに、「緑内障」と「白内障」があります。緑内障は、角膜の奥などを満たしている房水がうまく流れず、眼圧という目の中の圧力が高まることで視神経が押さえつけられて、視野がせまくなったり、部分的に見えなくなったりする病気です。また、白内障は、水晶体がにごる病気で、視力が低下したり、かすんで見えたり、光をまぶしく感じたりします。この緑内障と白内障は、生まれつきの場合も多い病気です。

　また、「未熟児網膜症」といって、未熟な状態で生まれた赤ちゃんに見られる病気や、うす暗いところで見えにくくなる「網膜色素変性症」のほか、生まれつき眼球が小さい「小眼球」、視神経が正常に機能しない「視神経萎縮」、眼球が意思とは無関係にゆれる「眼球しんとう」なども、視覚障害をもたらすことがあります。

視覚障害をもたらす主な病気

緑内障	眼圧が高まることで視神経などに障害をおこし、視野がせまくなるなどの症状が出る。視力を失うこともある。生まれつき（先天性）の場合もある。
白内障	水晶体が白くにごることで、かすんだり、まぶしく感じたり、視力が低下したりする。先天性の場合もある。
未熟児網膜症	未熟児におこる病気で、網膜の未発達が原因。網膜が少しずつはがれてしまうこともあり、はがれた部分は機能しなくなる。
網膜色素変性症	網膜の病気で、うす暗いところでものが見えにくくなる、視野がせまくなる、視力が低下するなどの症状がある。
小眼球	胎児のとき、眼球の発達に障害がおき、生まれつき眼球が小さい病気。視力や、視野、色覚に障害がおこる。白内障などの目の病気を併発することもある。
視神経萎縮	視神経が正常に機能しない病気。視野が欠けたり、視力が低下したり、色覚に異常が出たりする。先天性の場合もある。
眼球しんとう	眼球が意思とは無関係にゆれる。これが原因で、視力が低下したりする。成長するにつれ、なおっていく場合もある。

■視覚障害における見え方はさまざま

一口に見えにくいといっても、障害の種類によって、その見え方はさまざまです。

正常な見え方

視野欠損
視野が欠けている

屈折異常
乱視・近視・遠視

眼球しんとう
ゆれて見える

視野狭窄
周辺部が見えない

中心暗点
中心が見えない

羞明
まぶしすぎて見えない

part 2

視覚障害のある友だちの生活

視覚障害のある友だちは、障害のない人と同じように勉強し、体育や給食などの時間を楽しんでいます。ちょっとした工夫があれば、快適な学校生活をおくることができます。

1 目の見えない友だちの生活

わたしたちは、見る（視覚）・聞く（聴覚）・味わう（味覚）・さわる（触覚）・においをかぐ（嗅覚）などの方法でさまざまな情報を得ます。中でも、視覚からの情報は、生活するうえでとても重要です。

目がまったく見えないと、まわりのようすを理解することが難しく、見てまねをしながら学習することもできません。情報が十分でないために文字の読み書きや歩くこと、運動などが自由にはできず、困ることがいろいろあります。

それでも、目の見えない友だちは視覚以外の感覚を活用し、ときにはまわりの人に助けてもらいながら、生活しています。

考えてみよう　こんなとき、どうしてるのかな？

- □ ひとりでも、教室やトイレに行けるの？
- □ どうやって勉強するの？
- □ 食べるとき、おかずやご飯の器の位置はわかるの？
- □ ボール遊びは、どうやって楽しむの？

1 教科書はどうやって読むの？

一般の教科書と同じ内容を勉強できるようにつくられた「点字教科書」を使っています。点字だけでなく、指でさわって理解できるような点線で表現された、グラフや地図がのっているものもあります。絵や写真などが省略されているページもあって、そこは、目の見える人が言葉で説明することが必要です。また、教科書以外に、海や陸地の形状が凹凸で表されている地図帳や「さわる地球儀」を使うこともあります。

- ・教科書だけでなく「点字図書」や「さわる絵本」もある。
- ・地図や地球儀なども、さわっておぼえられるようにできている。

モンシロチョウは白いチョウチョだよ

2 ご飯 を食べるとき どうやって お皿の位置 がわかるの？

学校の給食では、トレーの上に料理が並べられています。目の見えない友だちは、トレーの上で、主食や汁物、副菜などのだいたいの位置を決めています。その日の献立は先生が教えてくれるので、食べるときに位置を確かめます。トレーを時計の文字盤に見立てて、「6時の位置に箸」「3時の方向に汁物」、「9時の方向にご飯」、「12時の方向に主菜」というように位置をおぼえて食べています。

- トレーを時計に見立ててお皿の位置を決める。
- 献立を教えてもらい、箸、スプーン、フォークのどれで食べるのか判断する。

3 靴箱やロッカーの位置 は、どうしてわかるの？

自分がよく行く場所やろうかは、壁などに手をふれて位置を感じながら、どれだけの距離があるか、どこに何があるかをおぼえます。入学後、初めは先生と一緒に、昇降口から靴箱まで、靴箱から教室まで、教室から体育館、音楽室、トイレまでなど、よく移動する場所への行き方を確かめます。自分の靴箱やロッカーの位置は、手でさわりながら「上から3番目の1番左」というように、数えておぼえます。

- 手でふれながら道すじを確かめる。
- 靴箱やロッカーは、左右や上下から数えておぼえる。

ここが知りたい　学校の校舎全体はどうやっておぼえるの？

特別支援学校では、上で紹介したように、入学したら先生と一緒に学校を歩いて場所を教えてもらいます。そのとき、ろうかなどの壁を手でさわりながら道すじをおぼえていきますが、これにくわえて、学校の校舎の位置や形などがわかる模型を用意しています。模型をさわることで、歩いておぼえた感覚と全体図を合わせ、校舎をイメージすることができます。

校舎の構造を表した模型。

4 体育の授業はどうしてるの？

体育の授業では、先生がわかりやすい言葉で動作を説明しながら、一緒に体を動かします。視覚障害のない人と同じようにボールを使うこともあります。サッカーボールやバレーボールを楽しむときは、ボールの中に鈴が入っているので、聞こえてくる鈴の音やボールの転がる音で、ボールの位置がどこにあり、どこから向かってくるのか、どこに転がっていったかなどを知ることができます。

- 先生が言葉で動作を説明してくれる。
- サッカーボールやバレーボールは手や足で転がして楽しむ。

2 目が見えにくい友だちの生活

目が見えにくい弱視の友だちは、メガネをかけていますが、だからといって、はっきりと見えるわけではありません。いろいろな道具で文字を拡大したり、大きな文字の教科書を使うことで、工夫をしながら、生活したり学習したりしています。

ただ、どの程度見えにくいかはひとりひとりちがいます。ここで紹介していることは、すべての弱視の友だちに当てはまるというものではありません。

1 本を読むときはどうしているの？

弱視レンズやルーペ、単眼鏡を使って文字を見やすくすることがあります。また、拡大読書器（拡大テレビ）を使うと、本の文字が拡大されて画面に映しだされ、読書を楽しむことができます。これを使うことで、長時間の読書でも、目がつかれにくくなります。また、文字を読み書きするときにどうしても机に目を近づけてしまう子は、姿勢よく読み書きができるよう、書見台を使います。

- 弱視レンズやルーペ、単眼鏡などの道具を使い、文字を拡大して読むこともある。
- 姿勢が悪くならないように書見台で手元を見やすくすることもある。

2 どんな 教科書 を使っているのか知りたい！

弱視の人が使っている教科書は、拡大教科書と呼ばれ、文字が大きく太くなっていて、絵や図もひとまわり大きいものが掲載されています。また、絵や図などのコントラスト（明暗の差）が大きく、はっきりしています。普通の教科書よりページ数が多くなっているものと、サイズが大きくなっているものがあります。

- ・視野がせまい友だちの場合は、文字が大きすぎても見づらくなってしまう。
- ・白と黒が逆になっていたほうが、見やすい友だちもいる。

3 学習道具 はどんなものを使うの？

弱視の友だちが使う道具は、見やすいように、色や大きさなどが工夫されています。例えば、定規や分度器は、黒の地に白の文字で目盛が書かれているものがあり、文字を見つけやすくなっています。また、弱視の人向けのノートには、ます目が大きくなっているものや、線のはばが広くなっているものなどがあります。このノートを使用することで、文字のまちがいが少なくなります。

- ・色や大きさが工夫された道具を使う。
- ・白黒反転の定規や分度器もある。
- ・ます目の大きい弱視の人向けのノートを使う。

考えてみよう　こんなとき、どうしてるのかな？

- ☐ 黒板の文字が見えにくいときはどうするの？
- ☐ 遠足や修学旅行ではちゃんと景色が見えるの？
- ☐ 算数のとき、定規や分度器の目盛は見にくくないの？
- ☐ 近くのものを見るのと、遠くのものを見るのとでは、見方がちがうの？

part 3 視覚障害のある友だちの悩み

盲の友だちと弱視の友だちでは、難しく感じることにちがいがあります。視覚障害のある友だちが、どんな場面で困ってしまうのか考えてみましょう。

ケース1 「あっち」「こっち」といわれても、わからないよ

見て確かめることができないから、「あっち」「こっち」ではどこを指しているのかわからないんだよ。

　視覚障害のある友だちに何かを伝えたいとき、「音楽室はあっちだよ」「こっちを向いて」では伝わりません。「音楽室は、ろうかを真っすぐに行って、角を右に曲がった2番目の教室だよ」「教室の入口のほうを向いて」と、具体的に説明すればわかるはずです。また、道や場所以外のときも、「ねんどはそこだよ」「これを貸してあげる」などといっては、何を指しているのかわかりづらいものです。「ねんどは、たなの右はしだよ」「ホチキスを貸してあげる」のように、具体的ないい方をするとよいでしょう。

ケース2 見ておぼえることができないよ

みんながわたげを見て「ふわふわだ〜」といっているけど、"ふわふわ"ってどんな感じなんだろう？

　視覚障害のない人は、親や先生のやり方を見て、それをまねながら、いろいろなことをおぼえます。ところが、視覚障害のある友だちは、見てまねることが苦手です。特に盲の友だちは、まったくまねることができません。服のぬぎ着、食事のしかた、歯のみがき方に始まり、教室の場所や体操の順番など、学習面にも影響してきます。視覚障害のある友だちは、相手の言葉を聞いたり、ものにふれたりすることで、時間をかけておぼえていくのです。

ケース3 メガネをかけていても完全に見えるわけではないよ

ぼくはメガネをかけているけど、はっきりと見えるわけじゃないんだ。特に動きの速いものは見つけられないことがあるんだよ。

　遠くのものがはっきり見えない「近視」の人は、メガネをかけるとたいていは見えるようになります。ところが、「弱視」の友だちは、メガネをかけてもはっきりとは見えない場合が多く、動いているものを見つけられなかったり、人からあいさつされても、だれからされたのか気づかなかったりすることがあります。
　授業で見えにくいときは、ルーペや単眼鏡で文字を拡大して学習しますが、見え方の程度によっては、これらの道具を使っても、よく見えないことがあります。

ケース4 似た文字だと書きまちがえてしまうこともあるよ

はっきりと見えないことがあるから、文字の形が似ていると読みまちがえたり、書きまちがえたりしてしまうよ。

　弱視の友だちの中には、ルーペや単眼鏡を使用しない人もいます。また、使用してもはっきりとは見えない人もいます。そのため、似た文字だと読みまちがえたり、書きまちがえたりすることがあります。
　ひらがなの「た」と「な」、カタカナの「ソ」と「ン」、漢字の「八」と「入」、「土」と「エ」などもまちがえやすい文字です。
　黒板やプリントに文字を書くときには、大きくはっきりと、正しく書くように心がければ、まちがいも少なくなります。

15

part 4 特別な学校や教室

視覚障害のある友だちは、通常の学校のクラスでは学ぶことができない場合があります。そんな友だちが、より不自由さを感じずに学ぶことができる特別な学校や、特別な教室を紹介しましょう。

1 特別な支援の中で学ぶ

わたしたちの中には、視力が弱く、メガネやコンタクトレンズをつけて通学する友だちもいます。でも、視覚障害のある友だちのほとんどは、メガネやコンタクトレンズをつけても視力がよくならず、はっきりとものを見ることができません。

そうした友だちも、それぞれに合った環境や道具などがそろえば、わたしたちと同じように学習したり、運動したりすることができます。また、見えにくさの程度や育った環境におうじて、特別な支援の中で学ぶのか、通常の学校で学ぶのかを選ぶことができます。

2 入学と進学

両目で見たときの視力が、メガネやコンタクトレンズをつけても0.3未満であると、特別支援学校で学ぶことも考えられます。本人や保護者の希望を尊重しつつ、専門家の検査を受けたうえで、各自治体の教育委員会などで、本人にとってどんな学校で学習するのがふさわしいかが話し合われます。

特別支援学校（盲学校）

盲の友だちばかりでなく、弱視の友だちもいます。
そのほとんどに幼稚部・小学部・中学部・高等部があり、わたしたちと同じ学習内容で学んでいます。ほかにも、点字学習や白杖を使っての歩行練習、さまざまな補助道具を使った学習法など、ひとりひとりの見え方や障害におうじた指導も行われます。

- ほとんどの学校では、家までの距離が長く通えない友だちのために、寄宿舎が用意されている。
- 高等部には、普通科のほか、音楽科が設置されている学校もある。
- 高等部の卒業後に、高等部専攻科で、鍼・灸・あん摩マッサージ指圧、理学療法などを学ぶこともできる。

特別支援学級（弱視学級）

通常の学校に設置されているもので、弱視の友だちのために特別な指導を行う学級です。見え方の程度によっては、通常の学級で学習し、週に決められた数時間だけ、特別な指導をうける場合もあります。

弱視の友だちが通う学校に特別支援学級がない場合は、週に数回だけ、ほかの学校に通うこともあります。

- 特別支援学級には、ルーペや単眼鏡を使って学ぶ友だちもいる。
- 見え方によっては、障害のない人と同じ教室で学び、週に数時間だけ特別な指導を受ける。
- 自分の学校に特別支援学級がない場合、ほかの学校に週に数回通って指導を受けることもある。

通常の学級

見えにくさの程度が軽かったり、近くに特別支援学校や特別支援学級のある学校がなかったりした場合、通常の学校のクラスで学ぶこともあります。

中には、通級指導教室といった特別な場で、障害におうじた指導をうける友だちもいます。

- 障害のない子と同じ教室で、点字やルーペ、単眼鏡、拡大読書器などを使って学習する。
- 通級指導教室で、特別な指導をうける友だちもいる。

●目の見えない・見えにくい友だちの進路

本人や保護者の希望・専門家の検査・教育委員会などで入学先を選択

特別支援学校（盲学校）

両目で見たときの視力が、メガネやコンタクトレンズをつけても0.3未満、または視力以外の視機能に障害があり、拡大鏡などを使用しても通常の文字・図形などが見えにくいか、ほとんど見えない児童・生徒が通う学校。

小学部・中学部
点字の読み方や点字タイプライターの使い方などを学んだうえで、通常の小学校・中学校と同じ内容を学習する。また、白杖を使った歩行練習や弱視レンズの使い方なども学習する。

→

高等部
通常の高等学校と同じ学習内容を学ぶ。普通科のほか、音楽科が設置されている学校もある。

→

高等部専攻科
鍼灸療法科や理学療法科などで、資格を取るための学習をする。

※通学距離が遠い児童・生徒は、寄宿舎で生活する。

小学校・中学校

通常の学級
障害のない子が通う学級。

特別支援学級（弱視学級）
軽度の視覚障害があり、通常の学習にほとんど参加できるが、特別な指導も必要な児童・生徒のための学級。特別支援学級のない学校から通う児童・生徒もいる。

→

高等学校
義務教育を終えたあと、一般教科や専門教科などの高等教育をうける。

→

大学・専門学校
専門的な分野の学習や研究、社会で働くために必要な知識や技能を身につける学習や実習をする。

※この図は、進路の主なめやすを表したものです。実際の進路は、人によって異なります。

part 5

学校の取り組み

特別支援学校（盲学校）では、視覚障害の友だちが本来持っている能力をのばすため、ひとりひとりに合わせたさまざまな学習が行われています。

1 授業での工夫

盲のまひるさん（4〜5ページでも紹介しています）と、弱視のはるくんは、特別支援学校の同じ教室で学ぶ小学4年生です。同じ学習内容でも、先生はそれぞれの特徴に合わせて、教え方を工夫して授業を進めます。

ふたりは、教科書やノートなど、使う道具もちがえば、授業中の課題のまとめ方や発表のしかたもちがいます。学校生活の中で、どこでどんな工夫がされているのか、見てみましょう。

国語の授業 「物語読解／漢字学習」

動きで表したり、考えを発表したりしてイメージを確かめる

先生とはるくん、まひるさんがたがいに質問し、答えていくといった問答形式で授業が進行していきます。物語の内容をより深く理解しようと、登場人物の心の動きや情景を、体の動きで表現してみました。漢字の音訓を理解するため、漢字を熟語でつなげる「漢字しりとり」もしました。

算数の授業 「小数のしくみ」

そろばんを使って数字の理解を深める

位取りの学習や計算では、そろばんを使います。また、答えを考え、発表するときなどは、細かいところまで具体的に言葉で発表します。こうして、数字の理解をできるだけ深め、イメージできるようにしています。

図工の授業 / 「クリスマスツリーのかざりをつくろう」

材料をさわって完成のイメージをふくらませる

ツリーのオーナメントづくりに挑戦。まひるさんは、星やハート、ダイヤなどから、気に入った形の型紙を選びました。ラインテープで形をとり、それにそってプラ板を上手にはさみで切っていきます。オーブンでプラ板に熱を加えると、いっきに縮みます。先生は、その手順を制作見本や言葉でくわしく説明してくれました。

理科の授業 / 「水のすがたと温度」

実験を通して、生活に役立つ基本的な動きを学ぶ

はるくんは、より安全なマッチのすり方と、アルコールランプの使い方を学習しました。固定されたマッチストライカー（着火用の紙やすり）とアルコールランプ、燃えさし入れの位置関係を、手でふれながら確認していきます。アルコールランプの火の消火は、ビーカーをさわって温度の変化で確認しました。

体育の授業 / 「マット運動」

用具や音・言葉で空間をイメージして動き方をおぼえる

まひるさんとはるくんは、とび箱やマットを山や川に見立てて、「山をこえるように」、「川に落ちないように」とイメージしてとびこえました。また、先生が「かえるジャンプ」で逆立ちし、空中で足を「パンパン」とたたくと、ふたりもまねをして、高くおしりを上げて足をうちました。ふたりとも、体を動かすことが大好きです。

2 環境の工夫

　特別支援学校では、視覚障害のある友だちが、困ることなく安全な学校生活がおくれるように、さまざまな工夫がしてあります。そんな環境の中、盲の友だちも、弱視の友だちも、自分のことはできるだけ自分でやるように心がけています。
　まひるさんやはるくんが通う特別支援学校では、どんな工夫がされているのか紹介しましょう。

机やいすはひとりひとりに合わせたつくりに

教室の机やいすは、それぞれの特徴に合わせたつくりになっています。例えば、弱視の友だちの机は書見台のかわりに、天板が立てられるように改良されています。また、横にもう1つ机を置いて、点字タイプライターや拡大読書器、単眼鏡などが置けるスペースをつくっています。

教室のネームプレートは点字やマークでさわってわかる

自分たちのクラスの教室や、理科室、図工室などのネームプレートは大きめの文字で書かれていて、目の高さほどのところにはられています。盲の友だちのために、手でさわってわかる、点字やマークもついています。

ろうかにはセンターラインがあって、ぶつからないしくみに

ろうかの真ん中には、色が異なり、靴の上からでもちがいがわかるラインが引いてあります。これを基準に右側通行をすることで、向こうから来た人とぶつかりにくくなっています。また、ものがあるとぶつかって危ないので、ろうかには何も置いていません。

そうじの時間も学びの場

教室のそうじも、自分たちの役目です。ふたりで役割分担を決めて、そうじをします。ぞうきんのしぼり方、ふき方、そうじ道具のあつかい方、ゴミの捨て方などを学んでいます。

箸やスプーンなどの給食の準備は自分でやる

給食では、手前にあるお皿の左側がご飯、右側がみそ汁やスープなどの汁物というように、お皿の並べ方を決めています。箸やスプーンなどは自分で準備して、決まった位置に置きます。準備ができたら、ひとつひとつのお皿に手をふれて位置を確かめます。箸を上手に使うことや、姿勢よく食べることにも気をつけています。

考えてみよう　図書室にはどんな本があるの？

盲の友だちが指で読む「点字図書」や「さわる絵本」、弱視の友だち向けの「拡大図書」などがあります。点字図書は、通常の本よりページ数が多くなるため、かなりの厚さになったり、何冊にもわかれていたりします。拡大図書は、文字が大きいことから、本が厚くなったり、ひとまわり大きいサイズの本だったりします。

さわる絵本は、ほとんどが市販されていない手づくりの絵本です。手でふれて、ぬくもりを楽しみながら絵本の世界にひたることができます。

part 6

支援団体の取り組み

学校以外にも、視覚障害のある人を支える団体や組織はたくさんあります。彼らの活動によって、視覚障害のある人たちがスポーツや芸術をいっそう楽しむことができています。

スポーツや芸術などを体験することの大切さ

目が見えなかったり、見えにくかったりしても、まわりの人のサポートがあれば、障害のない人と同じようにスポーツや映画、旅行などを楽しむことができます。

実際に、視覚障害のある友だちの中には、水泳やピアノ、ブラインドサッカー、ゴールボールなどを楽しんでいる人もいます。

そうした活動によって、普段の生活ではあまり使うことのない感覚をきたえることもできます。また、その体験から新たな特技を見つけて自信につながったり、新たなコミュニケーションの場になったりしています。

バリアフリー映画鑑賞推進団体 シティ・ライツ
音声だけの映画でイメージをふくらませる

目が見えていたころに映画を楽しんでいた人たちは、目が見えなくなってからも映画を楽しみたいと思っています。また、生まれつき見えない人でも、映画に興味を持っている人はたくさんいます。

映像が見えなかったり、字幕が読めなかったりすると、映画は楽しめないものだと思われがちです。しかし、言葉による説明があれば、障害のない人と同じように映画を楽しむことができます。

シティ・ライツという団体は、風景や人の動き、情景、字幕など、目から入る情報を言葉で補う"音声ガイド"をつくって、視覚障害のある人でも映画が楽しめるようにサポートしています。音声ガイドがあれば、目が見えなかったり、見えにくかったりする人も、映画のシーンをイメージしながら楽しむことができます。

音声ガイドがあれば、視覚障害のある人も一般のお客さんと一緒に映画を楽しむことができる。

音声は、FM電波で客席に送信される。ラジオのチャンネルを合わせると、イヤホンから音声ガイドが流れてくるしくみ。

日本盲人マラソン協会
走る楽しさを一緒に感じる

　日本盲人マラソン協会は、視覚障害があっても楽しく安全に歩いたり、走ったりできるように、練習会や大会、イベントなどを行っています。

　大会では、視覚障害のあるランナーの多くは伴走者と一緒に走ります。伴走者は視覚障害のある人にかわってさまざまな情報を伝えてくれるのです。こうした伴走ボランティアの支えもあり、パラリンピックで活躍するトップランナーも誕生しています。

　視覚障害のある人の中には、外に出て歩いたり走ったりするのがこわいという人も多くいます。ところが、練習会には同じような障害のあるランナーもいるので、はげみに思う人が少なくありません。また、伴走で参加するランナーと走る楽しさを分かち合えるのも魅力です。

伴走の練習会が定期的に開かれている。

風を感じながら街中をさっそうと走るランナーたち。

NPO法人ジャパン・トラベルボランティア・ネットワーク
旅行介助サポーターと地球のどこまでも旅する

　トラベルボランティアは障害や高齢などの理由で旅をすることが難しい人と一緒に出かけ、視覚障害のある人の手引きをしたり、車いすを押したりする人です。そうしたボランティアと、旅行をするのに介助が必要な人たちを引き合わせ、旅を実現させるのがジャパン・トラベルボランティア・ネットワークです。

　同組織で行っている、視覚障害のある人のためのツアーは、1995年に日本初の4頭の盲導犬を連れたフランスツアーが始まりです。その後も、北海道、京都、アフリカ、ケニア、イタリアなど、国内外を問わず、バリアフリーツアーを企画。「地球のどこまでも障害のある旅人に寄り添いながら、よりよい旅をつくりあげたい」という思いのもと、旅を実現するための支援をしています。

さまざまな障害のある人たちと、世界遺産マチュピチュへ。

ひとりひとりに合わせたサポートで安全で楽しい旅を実現する。

知っておこう　真っ暗やみの中でとるコミュニケーション　ダイアログ・イン・ザ・ダーク

　ダイアログ・イン・ザ・ダークとは、どんなに目を凝らしても見えない真っ暗やみの中で、視覚以外の感覚を使ってコミュニケーションをとるアトラクションです。

　参加する人はグループを組んで、光のない空間の中へ入ります。そのとき、視覚障害のある人が案内してくれ、さまざまなシーンが体験できます。たよりにできるのは、音や温度、さわり心地、味やにおいなど。

　視覚障害のある人の感覚を体験できるだけでなく、風の音や、鳥のさえずり、人の声などにあたたかさを感じたり、助け合いの大切さを思い出したりするでしょう。

視覚障害のある案内人が、白杖の使い方を教えてくれる。

暗やみの中、手さぐりで友だちとコミュニケーションをとる。
※写真はイメージです。実際は何も見えません。

●ダイアログ・イン・ザ・ダーク
ホームページ　http://www.dialoginthedark.com

part 7

社会で働くために

目が見えなかったり、見えにくかったりする人は、将来どのような職業に就くのでしょうか。視覚障害のある人の職業例と必要なサポートを見ていきましょう。

1 視覚障害のある人の職業選択

これまで、視覚障害のある人の仕事といえば、鍼師、灸師、あん摩マッサージ指圧師といった、「三療」といわれる専門の職業が主に知られていました。

最近では、仕事に必要なスキルを訓練したり、支援機器を使ったりすることで、一般の企業や学校、官公庁などのさまざまな職業へ活動の場が広がっています。これは、「障害のある人とない人がともに生活し、活動する社会」を目指す、「ノーマライゼーション」の理念が着実に浸透し、障害のある人の雇用が少しずつ増えてきているためだといえます。

しかし、障害の程度によっては、必ずしも希望の職場で働けるというわけではありません。視覚障害がある人の就労には、訓練と支援機器、家族や職場の人たちのサポートなどが必要です。

考えてみよう 視覚障害のある人の仕事のしかた

☐ 目の見えない人は、道に迷わずに会社に通えるの?
☐ 目の見えにくい人は、わたしたちが使うのと同じパソコンの画面でも仕事ができるの?
☐ 目の見えない人は、どうやってメールを返したり資料をつくったりしているの?
☐ 視覚障害のある人は、どうやって仕事を見つけるの?

2 働くために必要な訓練

視覚障害のある人は、パソコンの画面が見えない、または見えにくいため、事務仕事などをするには支援機器が必要です。画面に表示される文字や操作を音声で読みあげる画面音声化ソフトや、画面上の文字や絵を大きく表示する画面拡大ソフトなどを使うことで、視覚障害があってもインターネットやメールの利用、文書作成などができます。

これらを使いこなすためには訓練が必要です。そのため、文書作成や録音データの文字化などの事務訓練を通して、パソコンの使い方を学びます。

訓練の例

・視覚障害のある人を支援する画面読みあげソフトなどの使い方を学ぶ。
・会議の録音テープを聴いて、文章にする。
・データベースソフトを利用してデータの管理・設計をする。
・プログラミングの言語をおぼえてシステムをつくる。

ほか

ここが知りたい どこで訓練をするの?

障害者職業能力開発校
各都道府県にあって、知識や技能を学ぶための科目を組んで訓練します。東京都の場合はOA実務科で1年間学びます。

日本盲人職能開発センター
録音した音声を文字化する訓練をしています。官公庁や会社の会議などで記録を作成する仕事に就く人がいます。

3 こんな仕事に就く人もいるよ

視覚障害のある人は、目が見えないかわりに、それ以外の感覚が発達していきます。例えば、手でさわってまわりのことをおぼえていくので、触覚が鋭くなります。そうした感覚をいかして鍼灸師や、あん摩マッサージ指圧師になることもあります。

そのほかにも、教員免許をとって、学校の先生になる人、支援機器を使って事務仕事をする人、習い事を続けて箏曲家やピアニストなどの音楽家になる人もいます。

障害のある人と企業をマッチングする会社や支援機構もあり、障害のある人の状況を企業に伝えながら、必要なサポートや機器などをアドバイスしてくれます。

視覚障害のある人の仕事の例
- 事務職
- 公務員
- 図書館の司書
- 学校の先生
- 鍼師、灸師、あん摩マッサージ指圧師
- 農家
- プログラマー

パソコンの文字を拡大して映すソフトや、画面を読みあげる音声ソフトなどを使って事務仕事をする。

教員免許をとって、学校の先生になる人もいる。

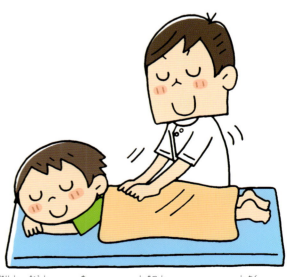
鍼師、灸師、あん摩マッサージ指圧師になるには国家資格が必要。

> コラム

自分の選んだ道で活躍する人たち

東京大学教授　福島 智

バリアフリーの可能性を追い求める研究者

　福島さんは、目も見えず、耳も聞こえない盲ろう者として、日本はもちろん世界でも初の正規の大学教授となりました。

　9歳で視力を失い、18歳で聴力を失った福島さん。当時は、光も音もない宇宙に取り残されたような気持ちでした。ですが、母・令子さんが考案した「指点字」※という、点字を応用した新たなコミュニケーション方法を使って、人との交わりを大切にしてきました。

　その後、「自分の将来の可能性を広げたい」そして「同世代の障害のない人とも交流したい」という思いで、大学進学を決意。盲ろう者として日本初の大学進学をはたしました。大学卒業後も、大学院で障害学を研究した福島さん。現在は、自身の経験をもとに、バリアフリー分野を研究するほか、将来を担う学生たちに向けて、障害を通して見える、人間や社会の真の豊かさについて問いかけています。

点字の読み書きができる携帯情報端末「ブレイルセンス」を使用して、メールや原稿作成などをする。

※指点字……6本の指（両手の人さし指、中指、薬指）を点字タイプライターのキーに見立てて言葉を伝えるコミュニケーション方法。福島さんの母・令子さんが世界で初めて考案した。

プロフィール

1962年、兵庫県生まれ。9歳で失明、さらに18歳で失聴。盲ろうになる。1983年、東京都立大学（現・首都大学東京）人文学部に合格し、盲ろう者で初めて大学進学をはたす。現在は、東京大学先端科学技術研究センター教授を務める。主な著書に、『盲ろう者とノーマライゼーション』、『盲ろう者として生きて』（以上、明石書店）、『ぼくの命は言葉とともにある』（致知出版社）などがある。

自身では箏のほかに、三味線を演奏することもある。

箏曲家 澤村祐司

日本の伝統的な音楽のすばらしさを伝えたい

　箏曲とは、主に箏を使った曲のことで、日本の伝統的な音楽です。
　先天性緑内障のために、生まれつき目が見えなかった澤村さんは、子どものころから音に興味がありました。生活の中で聞こえる水の音や、電車が遠くからやってくる音など、耳から入るさまざまな情報を楽しんでいました。
　箏に興味を持ったのは、小学2年生のとき。学校の課外授業で箏をひいたり、録音テープで演奏を聴いたりしたのがきっかけです。これまで聞いた音とはちがう、伝統楽器の独特なひびきや間に魅力を感じ、小学5年生になったときに習い事として始めました。教室に通い、演奏会に出るなどの活動を続け、大学卒業後には本格的に箏曲家として活動を始めました。
　「古来の日本伝統の音」のおもしろさを広めたいと、現在は日本各地で演奏会をしています。

「尺八や唄などと組み合わせて、ひとつの曲をつくりあげるのもおもしろい」という澤村さん。

プロフィール

1981年、東京都生まれ。小学5年生から金津千重子氏に師事し、生田流箏・三絃を学ぶ。東京藝術大学音楽学部邦楽科に進学し、演奏を学ぶ。伝統的な古典曲（地唄）の演奏をはじめ、作曲や編曲にも取り組んでいる。2008年、第2回 八橋検校日本音楽コンクールにおいて八橋検校賞、2013年、第19回 くまもと全国邦楽コンクールにおいて優秀賞を受賞した。

part 8

視覚障害のある友だちが活用している道具

視覚障害のある友だちは、学校で学習するときや通学をするとき以外にも、さまざまな場面で、いろいろな道具を使って生活しています。

1 さわって読む「点字」

日本の点字は、1文字を最大6個の突き出した点で表しています。これは、自らも盲だったフランスのルイ・ブライユが考えだした点字をもとにしています。普通、たて約6mm、横約3.5mmの長方形の中に、高さ0.3～0.5mmほどの点が1～6個並んで、1文字を表しています。日本の点字は漢字は使わず、かなに対応したものです。横書きで打たれていて、人さし指でさわりながら左から右へと読んでいきます。

また、世界共通の表記であるアルファベットの点字があるほか、数字や記号、楽譜なども点字で表すことができます。点字を打つ道具に点字盤もありますが、点字タイプライターを使えば、ずっと速く打つことができます。

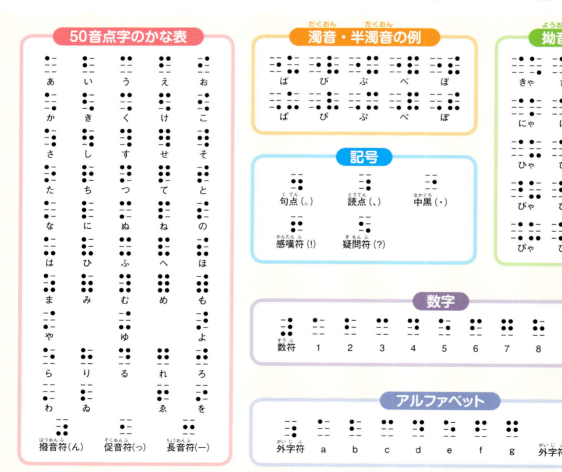

※濁音・半濁音や拗音は、ここで紹介した以外の音も表記が決まっています。
※日本語の中で数字やアルファベットを用いるときは、それぞれ数符や外字符を先に打ちます。
※ここで紹介してあるもの以外にも、点字のある文字や記号がたくさんあります。

2 街中のバリアフリー

　バリアフリーとは、さまざまな障害のある人たちが、日常生活をおくるうえで、バリア（さまたげ）となるものを取りのぞくことをいいます。例えば、車いすを使っている人のために、建物の中の段差やしきりをなくすこともバリアフリーです。

　また、街の中を見わたしてみると、いろいろなところに、点字が使われていますが、それもバリアフリーです。信号やエレベーターには、点字の表示だけでなく、音声による案内をするものもあります。

点字ブロック

　正式には視覚障害者用誘導ブロックといい、方向を示す線状ブロックと、停止や注意をうながす点状ブロックがあります。点字ブロックのでこぼこをたよりに歩行することができます。

線状ブロック

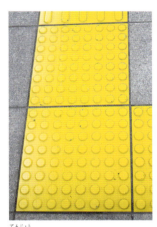
点状ブロック

音響用押しボタン

　横断歩道の渡り口に設置されていて、ボタンを押すと、青信号になったときに、音楽で知らせてくれます。

駅の券売機

　切符を買うときのお金の投入口や、行き先別の金額を表すボタンには、点字の表示があります。また、音声による案内を聞くこともできます。

手で読める地図

　建物の中や公園などの案内をするもので、手でさわってわかるように表面が凹凸になっています。地名、施設の名前などの点字もついていて、「触地図案内板」などとよばれています。

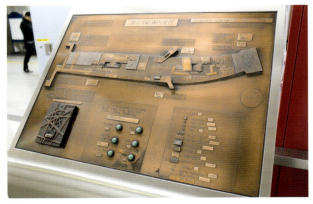

3 安全に歩くための白杖

視覚障害のある人は、白杖とよばれる白い杖を使って歩きます。直径が約2cm、長さは身長に合わせて1m〜1.4mくらいで、歩くときに障害となるものがないか、安全を確かめるための杖です。前に出して、左右にふりながら歩いていきます。

特別支援学校では、白杖を使ってひとりで歩く練習をします。白杖の先のほうでふれることによって、どこに何があるかを理解していくのです。初めは校内を歩き、なれてくると、学校のまわりを歩く練習をします。歩道を歩くときは、点字ブロックのでこぼこを白杖で確認しながら歩きます。

白杖の役割

①安全を確かめる
白杖で、1、2歩先のものや段差を確かめ、ぶつかったり転んだりするのを防ぎます。

②まわりの情報をキャッチする
白杖から伝わってくる感覚で、地上の目印や、路面の変化などを知ることができます。

③視覚障害があることを、まわりに知らせる
ほかの通行人や自動車の運転手に白杖を見せることで、目が見えない、もしくは見えにく状態であるということを知らせ、より安全に歩行することができます。

知っておこう　歩行を支える盲導犬

盲導犬は、視覚障害のある人が安全に歩行できるように導いてくれます。18歳以上の人なら、訓練をすれば盲導犬と暮らせます。

盲導犬は、本格的な訓練をうけて、視覚障害のある人をサポートする特別な技術を身につけ、人間に対する信頼と愛情も身につけています。訓練によって選ばれた犬だけが盲導犬になれます。

もともと盲導犬は、戦争で目が見えなくなったり、見えにくくなったりした人のために、ドイツで誕生しました。現在、日本では、約1,000頭の盲導犬が活躍し、視覚障害のある人の日常を支えています。

街で盲導犬を見かけても、ハーネスとよばれるベルトをつけているときは仕事中のため、犬に向かって声をかけたり食べ物をあげたりしないようにしましょう。今では、法律ができて盲導犬の公共交通機関での利用が認められているほか、飲食店などへの入店も可能になりました。

ハーネス

4 くらしを支える身近なグッズ

拡大読書器

弱視の人が読みやすいように、台の上に本を置くと、文字が大きく表示されます。読みやすくなり、目にかかる負担をやわらげることもできます。

点字トランプ や オセロ

視覚障害のある友だちも遊べるように、点字のついたトランプや、表面の凹凸をさわることで白の面と黒の面がわかるオセロなどがあります。

凸点シール

さわるとぷっくりとふくらんでいるシールです。これを、自分の持ち物や家にある電化製品などに貼って、印として使います。

弱視の人向けのノート

弱視の人が書きやすいように、ます目が大きくなっているノートです。手元が見えにくい友だちでも、きれいにノートをまとめられます。

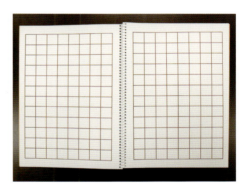

さがしてみよう!

視覚障害のある友だちにやさしい生活用品

くらしのあらゆるところにある便利なサイン

わたしたちが普段使っている生活用品にも、視覚障害のある人にとって使いやすい工夫がされています。例えば、シャンプーの側面の凹凸や、牛乳パックの上部の凹み、ラップの「W」マークなど。自分のまわりでもさがしてみましょう。

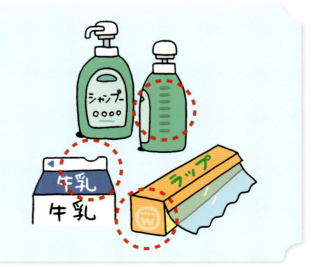

part 9 視覚障害のある友だちとつき合うために

視覚障害のある友だちも、わたしたちが積極的に働きかければ、よりさまざまなことを理解し、イメージをふくらませられます。視覚障害のある友だちとつき合うためのコツを知りましょう。

1 言葉で伝えよう

盲の友だちには、わたしたちが見ている世界や、感じていることを、できるだけ言葉で伝えましょう。例えば、「澄んだ川の水がさらさら流れていくね」とか、「真っ白でふわふわの雪が風に舞ってるよ」などと、具体的な言葉で話しましょう。友だちも、聞こえてくる川のせせらぎや風の音とともに、イメージをふくらませ、自然の景色を感じとることができるはずです。

また、「今日の月は、左側が半分欠けたきれいな半月よ」とか、「大きなツリーに、金や銀に輝く星がいっぱい！」などと、感動を言葉で伝えれば、たとえ視覚障害があっても、いろいろなものを感じることができます。また、生まれつきの盲の友だちは、色がわかりませんが、「雪は白色」だとおぼえれば、「白」と聞くと「雪の色」と結びつけてイメージすることができます。

まわりのようすを伝えよう

「昼休みの校庭は、いろんなクラスの友だちでいっぱいだね」などと、まわりのようすも言葉に出して伝えてみましょう。「そうね、きれいな声で、歌っているのはだれかしら」「かおるさんだよ」と、会話もはずむことでしょう。

声をかけよう

こちらから、どんどん声をかけましょう。あいさつをするときは、「○○くん、おはよう！」と、友だちの名前もいってあげれば、自分にあいさつしてくれていることがわかります。

具体的な言葉で位置を伝えよう

視覚障害のある友だちに場所を教えるとき、「向こうにあるよ」ではわかりません。「あと6歩くらい先にあるよ」などと、具体的な言葉で伝えてあげることが大切です。

2 視覚障害のある人のルールを守ろう

視覚障害のある人が外を歩くとき、点字ブロックの上に自転車が止めてあったり、空きかんが転がっていたりしたら、どうなるでしょう。ぶつかったり、転んだりして大変危険です。道標となる点字ブロックの上に、ものを置くことはルール違反なのです。

また、視覚障害のある友だちは、自分の机やものの置き場を変えません。いつも決まった場所に置くことで、どこに何があるかをおぼえているからです。友だちのルールを知り、むやみにものの位置を変えないようにしましょう。

3 一緒に体を動かそう

視覚障害のある人でも、体を動かして運動することは大好きです。まずは、フラフープやなわとびなど、その場で一緒にできるものからやってみましょう。球技などの運動は、難しいように思えますが、めだつ色のボールや、鈴の入ったボールを使って、ルールなどを工夫をすれば、一緒に楽しむことができます。

目で見てまねができなくても、ともに体を動かして遊ぶことは、とても大切なのです。

見えにくい感覚を体験してみよう

目かくしして、食事ができるかな?

給食の際、視覚障害のある友だちは、11ページで紹介したように、お皿の並べ方を決めておいて、ご飯やおかずの位置を確認しながら食べています。

みなさんも、いちど目かくしをして食事をしてみましょう。同じ体験をすることで、友だちがどんなふうに食事をしているのか、想像することができるでしょう。

こうした体験を通して、視覚障害のある友だちの立場で考えてみるのも、大切なことなのです。

※目かくしでの活動は危険なこともあります。十分気をつけて行いましょう。

4 正しく誘導しよう

視覚障害のある人がひとりで歩くということは、たとえ白杖を使っていても、危険や不安がつきまといます。

人ごみで歩きにくく困っていたり、進む先に段差や障害物があったりしたら、積極的に誘導してあげましょう。また、踏み切りや道路を渡るとき、電車に乗るときなども、わたしたちのちょっとした気づかいや手助けが、とても心強いものです。

ただ、やり方をまちがうと、かえって危険になるようなこともあります。視覚障害のある人を手助けするときの、正しい誘導のしかたをおぼえておきましょう。

■正しい誘導のきほん

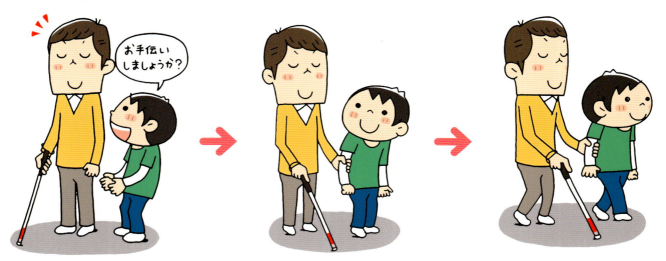

いきなり手を取ったり、肩をたたいたりすると、相手はびっくりしてしまう。まずは、「お手伝いしましょうか」と、声をかけてみる。

白杖を持っていない側に立ち、自分のひじをつかんでもらう。背の高い相手の場合、肩に手をかけてもらってもよい。相手が小さな子どもなら、手をつなぐ。

歩くときは、相手の半歩先を進むようにする。前方に注意しながら、相手の歩く速さに合わせて進む。

やってはいけない誘導

うしろから肩や背中を押す

強く手を引く

白杖を持ちあげる

支援する団体

視覚障害のある友だちを支援する団体を紹介します。これらの団体は、視覚障害のある人への支援活動のほか、広報活動などをしています。

① 社会福祉法人 日本点字図書館

全国の視覚障害のある人へ、点字図書や録音図書の製作と貸し出しをしている。また、視覚障害者用具の販売など、視覚障害のある人をサポートするさまざまな活動を行う。

住所：東京都新宿区高田馬場1-23-4
開館曜日・時間：火曜日〜土曜日・午前9時〜午後5時

ホームページ
http://www.nittento.or.jp/

② 一般社団法人 日本玩具協会

おもちゃの展示会開催や、おもちゃの安全性を高めるための活動を行っている。視覚障害や聴覚障害のある子どもが遊べるように配慮された「共遊玩具」の普及にも力を入れている。

ホームページ
http://www.toys.or.jp/index.html

③ 公益財団法人 日本障がい者スポーツ協会

日本国内の障がい者スポーツの普及と振興を行っている。協会内部に日本パラリンピック委員会が設置されていて、国際舞台で活躍できる選手の育成・強化に取り組んでいる。

ホームページ
http://www.jsad.or.jp/

④ 公益財団法人 日本補助犬協会

盲導犬をはじめ、介助犬、聴導犬といった3種類の補助犬を、体の不自由な方々へ無償で貸与している。また、補助犬についての情報発信をするなどの啓発事業も行っている。

ホームページ
https://www.hojyoken.net/

⑤ 社会福祉法人 日本盲人会連合

視覚障害者を主体とする団体によって構成され、視覚障害者福祉の向上を目指して活動している。点字情報ネットワークや福祉用具販売のあっせんなど、視覚に障害のある人への総合的なサービスを提供している。

ホームページ
http://nichimou.org/

⑥ 社会福祉法人 日本ライトハウス

視覚障害リハビリテーションセンターでは、白杖歩行や、点字、パソコンなどの指導のほか盲導犬の育成を行っている。情報文化センターでは点字や拡大、録音などの図書の製作、貸し出しを行う。

ホームページ（情報文化センター）
http://www.lighthouse.or.jp/iccb/

さくいん

ア行
あん摩マッサージ指圧（師） ･････････････････････ 16, 24, 25
遠視 ･･ 7, 9
音響用押しボタン ･････････････････････････････ 29
音声ガイド ･･････････････････････････････････ 22

カ行
外字符 ･････････････････････････････････････ 28
介助犬 ･････････････････････････････････････ 35
拡大教科書 ･････････････････････････････････ 13
拡大読書器 ････････････････････････････ 12, 17, 31
角膜 ･････････････････････････････････････ 7, 8
眼圧 ･･････････････････････････････････････ 8
眼球 ････････････････････････････････････ 7, 8
眼球しんとう ･･････････････････････････････ 8, 9
寄宿舎 ････････････････････････････････････ 16
近視 ･･･････････････････････････････････ 7, 9, 15
屈折異常 ･･････････････････････････････････ 9
虹彩 ････････････････････････････････････ 7

サ行
さわる絵本 ････････････････････････････････ 10, 21
三療 ･････････････････････････････････････ 24
支援機器 ･････････････････････････････････ 24, 25
視覚障害 ････････････････････････････････ 6, 8〜15
視覚障害者用誘導ブロック ･････････････････････ 29
色覚 ･････････････････････････････････････ 6, 8
視神経 ･･･････････････････････････････････ 7, 8
視神経萎縮 ･････････････････････････････････ 8
視野 ･････････････････････････････････････ 6, 8, 9
視野狭窄 ･･････････････････････････････････ 9
弱視 ･･･････････････････････････････ 6, 12, 14, 15, 16
弱視学級 ･････････････････････････････････ 16, 17
弱視の人向けのノート ･･････････････････････ 13, 31
弱視レンズ ･････････････････････････････････ 12
視野欠損 ･･････････････････････････････････ 9
羞明 ･････････････････････････････････････ 9
小眼球 ････････････････････････････････････ 8
硝子体 ････････････････････････････････････ 7
触地図案内板 ･････････････････････････････ 29
書見台 ･･････････････････････････････････ 12, 20
視力 ････････････････････････････････ 6, 8, 16, 17
鍼灸療法科 ･････････････････････････････････ 17
水晶体 ･･･････････････････････････････････ 7, 8

タ行

単眼鏡 12, 15, 16, 17
中心暗転 9
通級指導教室 17
点字 10, 16, 17, 28, 29
点字教科書 10
点字タイプライター 17, 20, 28
点字図書 10, 21
点字ブロック 29, 33
瞳孔 7
特別支援学級 16, 17
特別支援学校 .... 16, 17, 18～21
凸点シール 31

ナ行

ノーマライゼーション 24

ハ行

白杖 6, 16, 30, 34
白内障 8
ハーネス 30
鍼（師） 16, 24, 25
バリアフリー 29
房水 8
補助犬 35

マ行

未熟児網膜症 8
盲 6, 14, 16
盲学校 .... 16, 17, 18～21
盲導犬 23, 30, 35
網膜 7, 8
網膜色素変性症 8
毛様体 7
盲ろう者 26

ヤ行

指点字 26

ラ行

乱視 9
緑内障 8
ルーペ .... 12, 15～17
理学療法（科） 16, 17

37

あとがき

　この本を読んだみなさんは、どんなことを感じましたか？「視覚に障害があるって大変だな」と思った人、「目が見えなくても、いろいろなことができてすごいな」と感じた人、「好きなことがわたしと同じなんだな」とにっこりした人。ひとりひとり、いろいろな感想を持ったことと思います。感じたこと、思ったこと、考えたことは、視覚障害のあるなしに限らず、それぞれにちがっているものです。

　そして、感じ方や考え方がちがうように、得意なことや、苦手なことなどもちがいます。ちがっているところは、そのちがいを認め合いながら、自分らしさを輝かせることがとても大切で、すてきなことなのではないかと思います。

　視覚障害のある友だちの中には、干したふとんを取りこんだときに、「お日さまのにおいがする」と教えてくれる子がいたり、寒い夜に「氷が凍っていく音がする」と知らせてくれる子がいたりします。さまざまな感覚からの情報を全身で受け止めているのです。日常の中で、気にとめず見すごしてしまっているものがたくさんあることにも気づかされます。

　視覚障害のある友だちに出会ったら、遠慮せずに一歩踏みだして、声をかけてみてはどうでしょうか。新しい出会いや発見があるかもしれませんよ。

監修　久保山 茂樹／星 祐子（独立行政法人 国立特別支援教育総合研究所 総括研究員）

監修

久保山 茂樹（くぼやま しげき）
独立行政法人 国立特別支援教育総合研究所 総括研究員

独立行政法人 国立特別支援教育総合研究所インクルーシブ教育システム推進センターにおいて、子どもたちが障害について理解していくための学習の在り方について、交流及び共同学習を含め、学校と連携しながら実践的な研究を進めている。『まるっと1年マンガでなるほど気になる子の保育』（メイト）、『気になる子の視点から保育を見直す!』『子どものありのままの姿を保護者とどうわかりあうか』（以上、学事出版）などの著書がある。

星 祐子（ほし ゆうこ）
独立行政法人 国立特別支援教育総合研究所 上席総括研究員
前 筑波大学附属視覚特別支援学校 副校長

独立行政法人 国立特別支援教育総合研究所インクルーシブ教育システム推進センターにおいて、インクルーシブ教育システム構築に関する総合的研究や、特別支援学校に在籍している盲ろう幼児児童生徒に関する概況の把握および情報提供などを行う。ユニバーサルデザイン2020関係府省等連絡会議 心のバリアフリー分科会構成員のほか、盲ろう者の総合リハビリテーション・システム検討委員会委員を務める。

製作スタッフ

編集・装丁・本文デザイン
株式会社ナイスク　http://naisg.com
松尾里央　石川守延　小針あゆみ　工藤政太郎　佐々木志帆

DTP
株式会社ライラック
星山誼彰

サバデザイン
小林沙織

イラスト
アキワシンヤ

取材・文・編集協力
石川千穂子

写真撮影
中川文作

校閲
株式会社東京出版サービスセンター

取材協力・写真提供

筑波大学附属視覚特別支援学校
公益財団法人 日本盲導犬協会
バリアフリー映画鑑賞推進団体シティ・ライツ
認定特定非営利活動法人 日本盲人マラソン協会
NPO法人ジャパン・トラベルボランティア・ネットワーク
ダイアログ・イン・ザ・ダーク
東京大学 先端科学技術研究センター 福島研究室
箏曲家 澤村祐司
社会福祉法人日本点字図書館

参考文献・サイト

『ふしぎだね!? 視覚障害のおともだち』
千田耕基 監修、大倉滋之 編（ミネルヴァ書房）
『視覚障害児・者の理解と支援』芝田裕一 著（北大路書房）
『障害者と職業選択』堀利和、宮昭夫 編著（三一書房）
『コミック版障害者雇用マニュアル 視覚障害者と働く』
（日本障害者雇用促進協会）
『視覚障害者にかかわるしごと事典』
黒崎恵津子、小松聰子、菅野淳子 著（大活字）
『生きるって人とつながることだ!』福島智 著（素朴社）
『盲ろう者として生きて』福島智 著（明石書店）
「視覚障害者の職場定着推進マニュアル」
（独立行政法人高齢・障害者雇用支援機構　雇用開発推進部）
「GUIDE BOOK ～視覚障害者の『働く』を支える人々のために～」
（NPO法人タートル）
http://www.turtle.gr.jp/i01/guidebook1402.html#5-1
文部科学省ホームページ
http://www.mext.go.jp/

知ろう！学ぼう！障害のこと

視覚障害のある友だち

初版発行　2017年3月　　第4刷発行　2023年6月

監修　　　久保山茂樹　星祐子

発行所　　株式会社金の星社
　　　　　〒111-0056　東京都台東区小島1-4-3
電話　　　03-3861-1861（代表）
FAX　　　03-3861-1507
振替　　　00100-0-64678
ホームページ　https://www.kinnohoshi.co.jp/
印刷・製本　図書印刷株式会社

40p 29.3cm NDC378　ISBN978-4-323-05653-1
©Shinya Akiwa, NAISG Co.,Ltd., 2017
Published by KIN-NO-HOSHI-SHA Co.,Ltd, Tokyo, Japan.
乱丁落丁本は、ご面倒ですが、小社販売部宛にご送付ください。
送料小社負担にてお取替えいたします。

JCOPY　出版者著作権管理機構 委託出版物

本書の無断複写は著作権法上での例外を除き禁じられています。複写される場合は、そのつど事前に出版者著作権管理機構（電話 03-3513-6969　FAX03-3513-6979　e-mail: info@jcopy.or.jp）の許諾を得てください。
※ 本書を代行業者等の第三者に依頼してスキャンやデジタル化することは、たとえ個人や家庭内での利用でも著作権法違反です。

知ろう！学ぼう！障害のこと

【全7巻】シリーズNDC：378　図書館用堅牢製本　金の星社

LD（学習障害）・ADHD（注意欠如・多動性障害）のある友だち
監修：笹田哲（神奈川県立保健福祉大学 教授／作業療法士）

LDやADHDのある友だちは、何を考え、どんなことに悩んでいるのか。発達障害に分類されるLDやADHDについての知識を網羅的に解説。ほかの人には分かりにくい障害のことを知り、友だちに手を差し伸べるきっかけにしてください。

自閉スペクトラム症のある友だち
監修：笹田哲（神奈川県立保健福祉大学 教授／作業療法士）

自閉症やアスペルガー症候群などが統合された診断名である自閉スペクトラム症。障害の特徴や原因などを解説します。感情表現が得意ではなく、こだわりが強い自閉スペクトラム症のある友だちの気持ちを考えてみましょう。

視覚障害のある友だち
監修：久保山茂樹／星祐子（独立行政法人 国立特別支援教育総合研究所 総括研究員）

視覚障害のある友だちが感じとる世界は、障害のない子が見ているものと、どのように違うのでしょうか。特別支援学校に通う友だちに密着し、学校生活について聞いてみました。盲や弱視に関することがトータルでわかります。

聴覚障害のある友だち
監修：山中ともえ（東京都調布市立飛田給小学校 校長）

耳が聞こえない、もしくは聞こえにくい障害を聴覚障害といいます。耳が聞こえるしくみや、なぜ聞こえなくなってしまうかという原因と、どんなことに困っているのかを解説。聴覚障害をサポートする最新の道具も掲載しています。

言語障害のある友だち
監修：山中ともえ（東京都調布市立飛田給小学校 校長）

言葉は、身ぶり手ぶりでは表現できない情報を伝えるとても便利な道具。言語障害のある友だちには、コミュニケーションをとるときに困ることがたくさんあります。声が出るしくみから、友だちを手助けするためのヒントまで詳しく解説。

ダウン症のある友だち
久保山茂樹（独立行政法人 国立特別支援教育総合研究所 総括研究員）
村井敬太郎（独立行政法人 国立特別支援教育総合研究所 主任研究員）

歌やダンスが得意な子の多いダウン症のある友だちは、ダウン症のない子たちに比べてゆっくりと成長していきます。ダウン症のある友だちと仲良くなるためには、どんな声をかけたらよいのでしょうか。ふだんの生活の様子から探ってみましょう。

肢体不自由のある友だち
監修：笹田哲（神奈川県立保健福祉大学 教授／作業療法士）

肢体不自由があると、日常生活のいろいろなところで困難に直面します。困難を乗り越えるためには、本人の努力と工夫はもちろん、まわりの人の協力が大切です。車いすの押し方や、バリアフリーに関する知識も紹介しています。